LE CARTEL DE GVILLOT.

COMEDIE,

Representée sur le Theatre Royal du Marais.

Tom. I.

A PARIS,

Chez Iean Ribov, sur le Quay des Augustins, à l'Image S. Louïs.

M. DC. LXI.

AVEC PRIVILEGE DV ROY.

A MADEMOISELLE

DE * * * * *

ADEMOISELLE,

Ie m'imagine que vous ne serez pas moins surprise de me voir imprimé, que Guillot semble l'estre, quand il trouue que le billet qu'il porte de la part de sa Maistresse Angelique au sieur de la Rocque son Amant, est vn Cartel pour

EPISTRE.

se couper la gorge auec luy ; En
effet c'est vne chose qu'il le doit
surprendre ; Car qui penseroit
qu'vne fille se seruiroit de son valet pour venger vn outrage qu'elle croit auoir receu de celuy qu'elle aime de toutes les ardeurs de
son ame, & que sous l'apas trom-
peur d'vn poulet qu'elle luy peint
remply de douceurs, elle luy en-
uoye vn billet qui marque la
grandeur de son ressentiment, &
qui luy designe que Guillot est celuy qu'elle a choisi pour tirer rai-
son de son offense pretenduë. Aus
qui croiroit qu'vn homme qui n'a
iamais sçeu qu'à peine son A, B,
C, pû faire paroistre vn Liure a

EPISTRE.

iour, & que l'Imprimeur qui
prend le soin de le mettre sous la
presse se flataſt d'en retirer pour le
moins les frais de l'impreſſion.
Toutes ces choſes ne vous doiuent
pas moins eſtonner que Guillot
l'eſt à la veuë du Cartel ; Mais
pour ceſſer voſtre eſtonnement
vous n'auez qu'à prendre la peine de vous reſſouuenir que nature eſt vne grande maiſtreſſe, &
qu'elle nous monſtre plus de choſes en vn moment, que l'art ne
fait en dix ans, ſans examiner ſi
Angelique demeure dans les bor-
nes que la bien-ſceance & la mo-
deſtie preſcriuent à celles de ſon
ſexe, & ſi le ſieur de la Rocque

EPISTRE.

a raiſon de ſe compromettre ſi le-
gerement auec vn valet ſur vn
ſinple eſcrit, qu'vn premier mou-
uement de jalouſie a fait naiſtre,
ou ſi Guillot apres la lecture du
Cartel, doit vray-ſemblable-
ment entreprendre de ſe battre
contre celuy que ſa Maiſtreſſe
Angelique luy deſtinoit pour
Maiſtre; Souffrez, MADE-
MOISELLE, que ie vous demande voſtre protection pour cette
petite Comedie. Ie ſçay bien que
comme vous eſtes vne des perſon-
nes du monde la plus accomplie,
qu'on ne vous deuroit preſenter
que des chef-d'œuures; Mais il y
a grande apparence que ie paſſe-

EPISTRE.

rois toute ma vie sans vous donner des marques de mon zele &
de mes respects. Si i'attendois
d'vne Muse ignorãte vn Ouurage qui pust auec justice meriter la
protection que ie vous demande
en faueur de celuy-cy ; Ie sçay
bien encor que si vous blasmez
ma hardiesse, que cette bonté na-
turelle que vous possedez au plus
eminent degré se reuoltera pour
moy cõtre vous-mesme, & qu'elle vous dira que cette Piece auoit
esté dans la plus haute perfection,
ie vous l'aurois presentée comme
ie vous la presente auec tous ces
deffauts ; Enfin, MADEMOI-
SELLE, sans exagerer dauanta-

EPISTRE.

ge les fautes dont ma petite Comedie est remplie, ny le haut &
plein merite dont le Ciel vous a
esté si liberal, & parqui vous dô-
nez de l'admiration à tous ceux
qui ont le bien d'aprocher vostre
personne; vous souffrirez que i'o-
beysse à ma destinée, & à mon
inclination, qui veulent que ie
vous donne des preuues d'vne
soûmission respectueuse, en vous
offrant les premiers fruicts de ma
Muse; peut-estre que ceux qui
liront cette Piece, & n'y trouuant pas leur conte, ne pouront
s'empescher d'en dire du mal;
mais ie m'assure qu'ils ne des-
aprouueront pas le dessein que

EPISTRE.

i'ay eu de vous l'offrir, quand
mesme ils n'auroient pas l'ad-
uantage de vous connoistre, pourueu qu'ils croyent que rien n'est
plus veritable que ce que ie dis de
vous, & qu'ils ayent pente à rendre au vray merite, ce que la rai-
son obtient aisément des belles
ames: Ie vous-auoüe que si le ha-
zard me faisoit rencontrer auprés
de ceux qui sans iniustice diront
du mal de ma petite Comedie, ie
ne pourois m'empescher de crier
comme Guillot fait au sieur de la
Rocque, Garde l'honneur ; mais
peut-estre aussi que ie m'altererois
trop les poulmons à force de crier.
Si ie voulois entreprendre ma

EPISTRE.

deffence par cette voye ; non, ie ne suis point d'auis de me faire mourir pour deffendre vne mauuaise cause, que le Lecteur en dise du bien ou du mal tout cela me sera indifferent, & ie seray plainement satisfait, si vous daignez ietter les yeux sur elle, si vous ne vous ne vous faschez point quãd vous trouuerez au bas de cette Lettre la qualité que ie prens de,

MADEMOISELLE,

Vostre tres-humble, tres-
obeïssant, seruiteur.
CHEVALLIER.

Extraict du Priuilege du Roy.

PAr grace & Priuilege du Roy: il
est permis à Iean Ribou, Mar-
chand Libraire, de faire imprimer,
vendre & debiter vne Comedie, inti-
tulée *Le Cartel de Guillot*, representée
sur le Theatre du Marais, pendant
l'espace de cinq ans : Et deffenses à
tous autres de le contrefaire, comme
il est porté par ledit Priuilege. Donné
à Paris le douziesme iour d'Octobre
mil six cens soixante. Par le Roy en
son Conseil. BODIN.

*Rigistré sur le Liure de la Commu-
nauté des Libraires & Impimeurs, suiuant
l'Arrest de la Cour de Parlement.*
                    Signé SOSSE, Syndic.

Acheué d'imprimer le douziesme
Février 1661.

Les Exemplaires ont esté fournis.

ACTEVRS.

POLICARPE, Pere d'Angelique.

LA ROCQVE, Amant d'Angelique.

ANGELIQVE, fille de Policarpe.

GVILLOT, Valet de Policarpe

La Scene est dans la maison de Policarpe.

LE

LE CARTEL DE GVILLOT.

COMEDIE.

SCENE. I.

POLICARPE, ANGELIQVE.

ANGELIQVE.

Ve ma destinée est fascheuse?
Helas! que suis malheureuse?

POLICARPE.

Dis-moy, pourquoy te plains-tu tant?
Ton esprit n'est iamais content?

A

Ie te vois touſiours en furie,
Sçachons d'où vient t'a faſcherie?

ANGELIQVE.

On ne la ſçauroit conceuoir,
Enfin ie ſuis au deſeſpoir,
Et ſi vous ſçauiez mon iniure,
Vous me plaindriez, ie vous iure.

POLICARPE.

Dis-là donc?

ANGELIQVE.

Oyez s'il vous plaiſt,
Ah ! quãd vous ſçaurez quelle elle
eſt,
Vous me croirez fort miſerable.

POLICARPE.

Tu me ferois donner au diable,
Auecque tes triſtes clameurs;
Et bien quels ſont donc tes malheurs;

ANGELIQVE.

Rien n'est au monde si sensible,
Si detestable, si terrible,
Helas ! quel destin est le mien.

POLICARPE.

Pour moy, ie crois que ce n'est rien;
Puisque tu ne le veux pas dire :
Endeue, fasche-toy, soûpire,
Pleure, crie, & te pleins icy,
Monstre toy toute de soucy,
Toute triste, toute joyeuse,
toute riante, ou rechineuse,
Ressens, ou du mal, ou du bien,
Ie m'en sens moins touché que rien;
Apres cela ie me retire.

ANGELIQVE.

He ! mon Pere, ie vais tout dire;
Mais donnez vous vn peu de temps ;
Car mes déplaisirs sont si grands
Que ie n'ose.......

A ij

POLICARPE.

        Ah ! qu'elle pendarde,
Eſtre née enfin babillarde,
Et garder ſi fort le ſe ſecret :
L'on te va mettre au cabinet,
Ainſi que le plus rare ouurage,
Qui ſe ſoit veu durant noſtre âge ;
Car c'eſt vn miracle en ce point,
Qu'eſtre fille & ne parler point,
Au moins de tout ce qui te touche.

ANGELIQVE.

    Apprenez-le donc par ma bouche :
La Rocque qui ſe dit charmé
De moy, qui l'ay touſiours aymé,
Ma fait vn affront, vn outrage,
Dont ie deteſte, dont i'enrage ;
Mais vn outrage ſans égal.
Hier comme nous eſtions au Bal,
Il mena toutes les Galantes
Dancer & branſles & courantes,
leur donnaſt tout ſon entretien,
Et me régala d'vn beau rien :

Ce qui me fasche dauantage,
Est que cét ingrat, ce volage,
Fait le soûpirant, le transi,
(Au moins on me l'a dit ainsi)
Pour vne certaine Coquette :
Il tient la chose fort secrette ;
Car on dit qu'il veut l'espouser :
Moy ie veux sans temporiser,
Luy monstrer auant qu'il l'espouse,
Ce que peut vne ame jalouse.

POLICARPE.

Il te méprise, ce frippon,
Ah ! que ne suy-je encor garçon,
Que n'ay-je ! ma vigueur premiere,
Auecque ma grande rapiere,
Et ma vieille arquebuse à croc,
Ma foy la mort luy seroit hoc :
S'il en réchappoit ie te iure,
Se seroit vne belle cure ;
Mais n'estant plus dans ma verdeur,
Il faut chercher quelque bresteur,
Qui luy donne dans la bedaine,
D'vne Olinde, ou d'vne Vienne,
Ou d'vn pistollet, me chaud peu,
Qu'il meure ou de fer, ou de feu :

Luy que ie voulois pour mon Gendre
T'a fait cét affront, cét esclandre,
Il en perira le pendard ;
Mais laissons ces discours à part,
Et voyons ce qu'il nous faut faire,
Pour au plustost nous en deffaire,
Il faut auant qu'il soit de main,
Luy voir perdre le goust du pain :
Tu viens de me faire t'a plainte ;
Mais apprends que i'ay l'ame atteinte,
D'vn mal aussi grand que le tien.
Que maudit soit la valetaille,
La sotte engence, la canaille,
Qui ne sert qu'à boire & manger,
Et souuent nous faire enrager.
Sçachez, que Guillot, cét yurogne,
Dont ie veux mal-traitter la trogne,
Ma fait receuoir vn affront,
Qui n'a iamais eu de second :
Pour ragaillardir ma vieillesse,
I'auois prié quelque jeunesse,
De venir disner auec moy :
Sçais-tu ? ce qu'il m'a fait ?

ANGELIQVE.

Et quoy ?

POLICARPE.

Au lieu de ſonger à nous faire,
Vn morceau de fort bonne chere,
Comme i'auois ſçeu l'ordonner,
Il n'a pas ceſſé d'yurogner
Durant toute la matinée;
Enfin quand l'heure fut ſonnée,
Ces gens vinrent auec grand bruict,
Penſant que le dîné fut cuit,
Se promettant ſur ma priere,
De faire la deſbauche entiere;
Meſme croyant tout appreſté,
Dirent leur Benedicité;
Mais trouuant tout plus froid que
    glace,
Leur employ fut de dire grace;
Ainſi nous euſmes tous l'honneur
De dîner enſemble par cœur:
Ce qui m'émeût encor la bille,
C'eſt que ce fat, ce mal-habille,
Me fiſt vn tour ces iours paſſez,
Dont il payera les pots caſſez:
Comme i'auois ma ſciatique,
Mon cours de ventre, ma colique,

Auec mon grand mal de dents,
Mes ordinaires accidens,
Mon rhume, ma toux, ma migrene,
Ma fluction, ma courte aleine,
Ma palpitation de cœur,
Bien loins de plaindre ma douleur,
Le traiftre fe donnoit carriere,
Et me fouhaittoit dans la bierre,
En me difant que mon trefpas,
Ne s'auançoit qu'au petit pas :
Vois, fi i'ay lieu d'eftre en colere ;
C'eft pourquoy ie m'en veux deffaire.
Sçais-tu bien ce que nous ferons ?
Pour nous venger de nos affrons,
La Rocque t'a fait vn outrage,
Moy, Guillot, vn de quoy i'enrage,
Il faut pour nous bien venger d'eux,
Les faire entre battre tous deux,
Guillot ne fe voudra pas battre :
La Rocque, affez opiniaftre,
Imprimera fur fon minois
La figure de ces cinq doigts ;
Guillot, vomira quelque iniure,
L'autre affez fougueux ie m'affeure,
Luy donnera de fa façon,
Quelque grand coup deftramaçon :

De ce coup prouiendra la fievre;
Guillot, eſtourdy comme vn lieure,
Malgré l'auis du Medecin,
Voudra touſiours boire du vin :
Fievre & vin bruſlant ſes entrailles,
Auancerons ces funerailles ;
Car ſans doute qu'il en moura,
Ie ſeray ſatisfait par là.
Pour te venger ſans plus attendre,
La Rocque, aprés nous ferons pendre:
Voila les moyens importans
De nous rendre tous deux contens.

ANGELIQVE.

Mais commét ferons-nous mon pere.

POLICARPE.

Voicy ce que nous deuons faire,
Sans nous mettre en teſte martel,
Il faut enuoyer vn Cartel
Par Guillot, au ſieur de la Rocque.

ANGELIQVE.

Il craint trop d'auoir ſur ſa tocque.

Il n'y voudra iamais aller.

POLICARPE.

Il luy faudra diſſimuler ,
Que ſe ſoit pour vne querelle :
Dis luy, que ta peine eſt mortelle
De ne voir point ton cher Amant,
Qu'en ce billet eſt le tourment
Que tu ſouffre de ſon a bſence ,
Que tout ton bien eſt ſa preſence :
Auſſi-toſt il le portera.

ANGELIQVE.

Vous auez raiſon il ira ;
I'auois deſia bien ſçeu l'eſcrire ;
Mais à Guillot, ie n'oſois dire
Qui l'allaſt porter en ce iour,
Qu'en le nommant billet d'amour,
Et n'aurois pas oſé le faire ,
Sans auoir l'aueu de mon pere ;
Mais enfin puiſque vos bontez
Me leuent ces difficultez,
Allez , laiſſez à mon addreſſe
Le ſoin d'acheuer cette Piece,
Ie veux entretenir Guillot.

SCENE II.

ANGELIQVE, GVILLOT.

ANGELIQVE.

Gvillot, écoute vn petit mot.

GVILLOT.

Que vous plaist-il, nostre Maistresse

ANGELIQVE.

I'ay besoin de t'on addresse
Pour porter ce petit poulet.

GVILLOT *le mettant à terre &*
l'appellant.

Petit, petit, petit folet,

Vn poulet, souffrez que i'oppose
A cette drolesque de chose,
Que qui viuroit de ce gibier,
Feroit des repas de papier ;
C'est auoir l'ame bien burlesque,
Qu'appeller de ce nom crotesque
Vn Papier. Poulet vient d'vn œuf,
Enuoyez luy plustost vn bœuf,
Estant vne plus grosse beste,
Le present sera plus honneste.

ANGELIQVE.

Ce que tu dis ne sert de rien ;
Mais Guillot, écoute moy bien,
Luymon-strant le billet. C'est là que sont toutes mes peines.

GVILLOT.

C'est assez de porter les miennes,
Portez les vostres s'il vous plaist.

ANGELIQVE.

Tu ne comprends pas ce que c'est.
Sçaches donc que ie te veux dire,
Qu'en ce billet est mon martire.

GVILLOT

GVILLOT.

Et pourquoy me martyrifer,
Suis-ie vn homme à m'aller brifer
Sous le faix de voftre martyre,
De mes maux fe feroit le pire,
I'aime beaucoup mieux voir le iour.

ANGELIQVE.

Gros fot, c'eft vn billet d'amour
Efcrit à Monfieur de la Rocque,
Porte luy, ton difcours me choque;
Laiffe là tous tes colibets,
Se font mes amoureux fecrets.

GVILLOT.

Ah ! vous eftes donc amoureufe,
Vous qui faifiez la Pretieufe,
Il falloit fans diffimuler
Me dire le tout fans parler.

ANGELIQVE.

Encore vn coup, porte ma lettre,
Guillot, & ie te puis promettre

B

Que la Rocque, t'embrassera,
Du moment qui l'a receüra:
Rends-moy donc viste cét office.

GVILLOT.

I'y vay.

SCENE III.

Angelique sort d'vn costé , & la Rocque entre de l'autre , & Guillot ayant dit à sa Maistresse i'y vay , il va du costé de la Rocque , & ne le voyant pas , il luy donne de la teste dans le ventre.

GVILLOT, LA ROCQVE.

GVILLOT *continuë.*

LE destin m'est propice,
Monsieur, de vous trouuer icy,
Lisez la lettre que voicy :
D'Angelique vostre Maistresse,
I'allois chez vous auec vitesse,
pour vous la porter promptement.

LA ROCQVE.

Elle m'oblige infiniment.

GVILLOT *interompant la Rocque*
alors qu'il veut lire.

Si tout haut vous la vouliez lire,
Pour me pouuoir apprendre à dire
ces beaux mots qu'on dit en amour,
Afin de m'en seruir vn iour ;
Car ma Maistresse est eloquente.

LA ROCQVE.

Ah ! ie sçais qu'elle est fort sçauante ;
Ouy, ie le vais lire tout haut ;
Mais auant que la lire, il faut
Mon cher Guillot , qu'on me pro-
          mette
De tenir la chose secrette.

GVILLOT.

Monsieur, ie seray fort discret ,
Confiez-moy vostre secret,
Vous n'en aurez iamais reproche.

LA ROCQVE.

Escoute donc, Guillot, approche ?

Et conçoy bien tous ces grands mots.

GVILLOT *l'interrompant toufiours.*

Ma maiftreffe n'a nul deffauts,
Elle eft auffi belle qu'aimable,
Elle a de l'efprit comme vn diable.

LA ROCQVE *voulant toufiours lire.*

Il eft vray.

GVILLOT *pourfuiuant de l'interrompre.*

Ces mots font charmans,
Plus que le ftile des Romans,
Elle a leu........

LA ROCQVE.

Te voudrois-tu taire?

GVILLOT.

Les œuures du fieur de la Serre,
De Balfac, & de Scudery,
Pefte elle a l'efprit bien fleury:

Et ſçait parfaittement eſcrire.

LA ROCQVE *s'ennuyant d'eſtre interrompu.*

Mais ſi vous ne me laiſſez lire
Ie me faſcheray contre vous.

La Rocque reprend la lettre voulant la lire , &
comme il penſe ouurir la bouche , Guillot l'in-
terrompt.

GVILLOT.

Elle a le langage fort doux ;
Enfin elle ſçait toutes choſes,
Elle a leu les Metamorphoſes,
Et les plus celebres écrits,
L'Hiſtoire de Iean de Paris,
Celle de Pierre de Prouence,
C'eſt vne abyſme de ſcience :
Auſſi chacun en fait grand cas,
Elle a leu tous les Almanachs ,
Et d'Eſope toute la fable,
Meſme iuſqu'à Robert le Diable,
C'eſt vn miracle en racourcy.

LA ROCQVE *ſe faſchant.*

Sçais-tu far , que ie vois icy,

Qu'au lieu de lire haut la lettre,
Comme tu me l'as fait promettre,
Que tu n'en auras pas le bien.

GVILLOT.

Monſieur, ie ne diray plus rien,
Liſez haut, ie vous en coniure.

LAROCQVE *lit la lettre.*

Liſons. *Monſieur , touchant l'iniure*
Que vous me fiſtes hier au ſoir ,
Ce billet vous fera ſçauoir ,
M'ayant tout à fait outragée ,
Que ie veux en eſtre vengée.
Si Guillot, vous trouue auiourd'huy ,
Coupez-vous la gorge auec luy.
Voila ce que dans ma colere
Mon cœur auec plaiſir eſpere.
Guillot, ta Maiſtreſſe me fait   *à Guillot.*
Vne querelle ſans ſujet ;
Car ie n'ay iamais eu pour elle
Qu'vne amour conſtante & fidelle,
Et ſi l'honneur m'eſtoit moins cher,
Ie ſçaurois fort bien m'empeſcher,

Par le respect que ie luy porte,
De suiure l'ardeur qui m'emporte ;
Mais puis qu'il y va de l'honneur,
Ie ne puis sans manquer de cœur
Refuser de la satisfaire :
Guillot, terminons cette affaire,
Puis apres nous sçaurons en quoy
Ta Maistresse se plaint de moy ;
Il faut à son billet souscrire.

GVILLOT *luy arrachant le billet.*

Donnez, vous ne sçauez pas lire,
Qui moy vous couper le gausier ?
Ie ne suis point vn meurtrier,
Ie suis trop amy de nature.
Voyons. *il lit Monsieur, touchant l'iniure*
Que vous me fistes hier au soir,
Ce billet vous fera sçauoir,
M'ayant tout à fait outragée,
Que ie veux en estre vengée,
Si Guillot vous trouue aujourd'huy,
Coupez-vous la gorge auec luy :
Voila ce que dans ma colere
Mon cœur auec plaisir espere.

Voila le mal-heureux Guillot,
Pris par le mufle comme vn fot :
Que feray-ie ? ah ! maudite fille,
Quoy me prendre pour vn foudrille,
M'enuoyer porter vn poulet,
Pour coupper mon pauure fifflet :
Vit-on iamais vne Maiftreffe,
Eftre à fon valet plus traiftreffe.
Non, Monfieur, n'ayez point de peur, *A la Roc-*
Ie ne fuis point gladiateur : *que.*
Ce n'eft pas manque de courage ;
Mais ie n'aime point le carnage,
Et puis ie fçay trop mon deuoir,
Ie vous fouhaitte le bon foir.

LA ROCQVE.

Allons vifte, il en faut découdre.

GVILLOT.

Monfieur, ie ne puis m'y refoudre,
Ce fera pour vne autre fois.

LA ROCQVE.

Ah ! cela n'eft pas en ton choix,

Il faut qu'il t'en couste la vie.

GVILLOT.

Mourir, ie n'en ay point d'enuie :
Ie ne suis pas en bon estat.

LA ROCQVE.

Quoy tu refuses le combat,
Il faut vuider nostre querelle.

GVILLOT.

Monsieur, i'entéds quel'on m'appelle
Laissez-moy sortir s'il vous plaist.

LA ROCQVE.

Ah ! Guillot, ie vois ce que c'est,
Ta memoire ailleurs occupée,
T'a fait oublier ton espée,
Va la prendre, & reuiens icy,
Ie reuiendray sans faute aussi ;
Cependant nous allons nous battre
Icy prés, quatre contre quatre :

I'en vais deux ou trois embrocher,
Puis ie te viendray dépefcher ;
Mais fi tu manque de t'y rendre,
au premier iour tu dois t'attendre,
D'auoir mille coups de ma main.
Adieu, Guillot iufqu'à de main.

SCENE. VI.

GVILLOT *seul.*

Ah ! quel aualleur de charette ,
Et qu'elle épouuantable brette
Porte cét abateur de bras :
Va, si i'y viens tu m'y prendras :
Ie croyois qu'il m'alloit dissoudre
D'vn seul de ses regards en poudre :
De la façon qu'il m'a pressé ,
I'ay crû que i'estois fracassé ,
Encore (n'en sçay-ie rien) ie pense
Qu'il m'a fait insulte à la pense ;
Mais non, il ne m'a point touché ,
M'en voila quitte à bon marché ;
Ie veux bien qu'Astaro me gratte
Si ie retombe sous sa patte ,
Il n'en feroit pas à deux fois.
N'est-ce pas luy que ie reuois ,
Non, c'est nostre bonne Maistresse.
Ah ! Vous voila double traistresse ,
Qui diable diroit à la voir
Qu'elle eut vn si malin vouloir.

SCENE

SCENE V.

ANGELIQVE, GVILLOT,

ANGELIQVE.

AH! Dieu te gard, la Guillotiere.

GVILLOT.

Ah! Dieu vous gard, la meurtriere,
Qui risquez vn pauure garçon
Contre vn Rolent, contre vn Sanson:
C'est vn billet doux, disoit-elle,
Et c'est ma sentence mortelle;
A moy vostre pauure valet,
A moy plus simple qu'vn poulet,
Qu'on amuseroit d'vn grain d'orge,
M'enuoyer me couper la gorge,

C

Allez-vous auez tres grand tort.

ANGELIQVE.

Quoy tu crains la Rocque fi fort,
Que ta perfonne eft idiotte;
Sçais-tu que ce n'eft qu'vn pagnotte;
Que s'il t'auoit feulement veu
Faire vn moment le refolu,
Il feroit mort deffus la place;
Sa brauoure n'eft que grimace;
S'il t'auoit veu l'efpée en main,
Il fe feroit enfuy foudain,
Comme il m'a fait vne injuftice,
Ie veux que la peur l'en puniffe,
Fais luy donc pluftoft que plus tard,
Prends cette efpée & ce poignard,
Et t'en va le trouuer fur l'heure:
Tu luy diras qu'il faut qu'il meure;
Luy tout eftourdy de ce mot
Tafchera d'appaifer Guillot;
Mais fi tu feins d'eftre en colere,
Iurant, peftant comme il faut faire,
Tu le verras courir bien fort.

Elle luy dŏne vne efpée & vn poignard.

GVILLOT *l'efpée en main.*

S'il s'enfuit, fans doute il eft mort:

En honneſte homme par derriere,
Zeſte, vn grand coup de ma rapiere;
Puis ie luy couperay les bras :
Mais auſſi, s'il ne s'enfuit pas ?
Alors ſe ſera bien le diable.

ANGELIQVE.

C'eſt vne choſe indubitable;
Te voyant, il moura d'effroy.
Adieu.

GVILLOT.

Repoſez-vous ſur moy !
(Ie vous dis, pourueu qu'il s'en aille)

ANGELIQVE.

Tu ſeras vainqueur ſans bataille,
Tiens-toy tout certain de cela ?

GVILLOT.

Vous m'aſſeurez qu'il s'enfuira ;
Car ſi tantoſt il faiſoit rage.

ANGELIQVE *s'en allant.*

Il moura de peur.
C ij

SCENE VI.

GVILLOT *seul.*

C'Eſt dommage,
Le pauure garçon, ie le pleins
S'il faut qu'il tombe entre mes mains:
Le voicy : tenons mine fierre,
La peur luy ferre la croupiere
De me rencontrer ſur ſes pas.

SCENE VIII.

GVILLOT, LA ROCQVE.

LA ROCQVE *à Guillot.*

AH ! vous voicy donc, pourpoint
    bas?
Vous estes vn fort galant homme :
C'a , viste que ie vous assomme ,
Desboutonnez donc le pourpoint.

GVILLOT.

Cét homme ne s'enfuira point,
Diable que sa fierté m'afflige ,
Il ne s'enfuira pas vous dis-ie.

LA ROCQVE.

Vuidons nostre affaire, & sans bruit.

GVILLOT.

Au diable-zot comme il s'enfuit.

LA ROCQVE.

Songez mon braue à vous deffendre,
Dépeſchons, & ſans plus attendre,
Vous en mourez ie vous promets.

GVILLOT.

Non, il ne s'enfuira iamais :
Ie donne au diable la Maiſtreſſe,
L'ame damnée, la tigreſſe,
Qui m'a donné ce chien d'employ,
Pour ſe deffaire icy de moy.

LA ROCQVE.

Ah ! ie n'aime point qu'on retarde ;
C'a, courage, eſtes-vous en garde ?
Si vous ne voulez vous preſſer
Ie vous vais les bras fracaſſer,
Vous éprouuerez ma furie.

GVILLOT *à part ce premier vers.*

Il n'entend point de raillerie.
Ah ! Monſieur, me voila tout preſt ;
Mais enfuyez-vous s'il vous plaiſt.

LA ROCQVE.

Quoy faquin, vous auez l'audace
De me croire l'ame si basse,
C'est à ce coup qu'il faut mourir.

GVILLOT à part.

Cét homme qui deuoit courir,
Voyez s'il bransle de sa place?

LA ROCQVE.

Comment, ie vous vois tout de glace?
Essayons auec ce fer
Si nous pourons vous réchauffer.

GVILLOT.

Ie croiray faire des merueilles
Si i'en sort pour mes deux oreilles;
Mais si ie m'emportois aussi,
Peut-estre il s'enfuiroit d'icy,
Prenons nostre humeur fulminante:
Ah! si ie prends ma massacrante

Ie vous en donneray cent coups,
Et ie vous feray filer doux.

LA ROCQVE.

Allons, c'est ce que ie demande.

GVILLOT.

S'il s'enfuit, ie veux qu'on me pende,
Cét obstiné veut m'enfiler
Auparauant que de s'en aller,
Continuons nostre arrogance :
Ie suis vn braue à toute outrance,
Et si ie mets flamberge au vent
Tu perdras le monde viuans :
Auant Ces mal-heurs sanguinaires,
Donne donc ordre à tes affaires,
Et touchant ton dernier moment,
Songe à faire ton testament :
Voila l'ordre que tu dois suiure
Estant prest de cesser de viure ;
Car ie te vais exterminer.

LA ROCQVE.

Et moy ie m'en vais te donner

De l'eſpée au trauers le ventre,
C'eſt à ce coup qu'il faut qu'elle entre,
Prens garde à toy ?

GVILLOT.

                    Double faquin,
Attens ie ne ſuis pas en main,
Prends ce coſté, ie prendray l'autre,
il change de coſté.
C'eſt là que la victoire eſt noſtre,
Si tu m'en crois ne te bas point,
Tu ſeras ſot au dernier point
Si tu dégaines contre vn homme,
Qui ne ſe bat point qu'il n'aſſomme :
La pitié me parle pour toy,
Retire toy de deuant moy :
Sur mon ame ie deſeſpere
De t'immoler à ma colere,
Songe donc à gaigner au pié
Ou tu vas eſtre eſtropié,
Si i'entre en garde meurtriere
Te voila dans le Cimetiere ;
Car i'ay le bras ſi vigoureux,
Que qui s'en pare eſt bien-heureux :
Dés que ma valeur s'éuertuë,
Que ie vais ſur le pré ie tuë :

Et ſi ie fais le moindre effort
Contre vn homme, il eſt hôme mort,
Regarde ce que tu veux faire ?

LA ROCQVE.

Te tuer pour me ſatisfaire.

GVILLOT.

Puis apres tu ſeras pendu.
à part.
Ah ! pourquoy ſuis-ie icy venu.
haut.
Ie vais des pieds iuſqu'à la teſte
Te pourfendre comme vne beſte,
Dedans mon furibon tranſport.

LA ROCQVE.

Ah! par la ventre, par la mort.

GVILLOT *ſe laiſſant tomber de peur.*

Ah ! ma pauure ame eſt délogée,
De cette eſtocade allongée.

Non, elle eſt encor dans mon corps,
Ie croyois eſtre au rang des morts,
Et i'en ay la hanche rompuë.

LA ROCQVE.

Leue-toy donc, que ie te tuë,

GVILLOT *à terre.*

Ouy, c'eſt pour me faire leuer
Que de me vouloir acheuer,
Et ſi ie demeurois à terre,
Me ferois-tu touſiours la guerre.

LA ROCQVE.

Non, ſur mon honneur i'ay iuré,
Que i'amais ie n'affronteray
Perſonne auec cét auantage.

GVILLOT *à terre.*

Si bien que ton honneur t'engage,
Se dis-tu, de ns tuer pas
Vn homme quand il eſt à bas.

LA ROCQVE.

Plutost la mort, mon sort acheue.

GVILLOT *se couchant.*

Diable emporte si ie me leue :
Messieurs, ne faites point de bruit,
Ie dors, bon soir & bonne nuit.

LA ROCQVE.

Ah ! c'est par trop d'impertinence
Qu'abuser de ma patience,
Si ie laisse aller ma fureur
Ie pouray bien........

GVILLOT *à terre.*

Garde l'honneur,
souuiens-toy bien qu'il t'interesse
A ne point faire de bassesse.

LA ROCQVE.

Non, ie iure & te promets
Guillot, de n'en faire iamais.

GVILLOT

GVILLOT.

De sorte donc que de ta vie,
Tu n'exerceras ta furie
Sur moy, d'aucun extramaçon,
Me tenant de cette façon,

LA ROCQVE.

Non, ny d'autres coups ie te iure;
Car c'est vne lascheté pure
Que de battre vn homme en cét estat.

GVILLOT.

Sçais-tu bien que tu n'est qu'vn fat,
Vn coquin, vn beliste, vn traistre,
Et que tu n'oserois paroistre
Iamais deuant les braues gens:
Tu fais le braue à contre-temps.

LA ROCQVE.

Ie ne puis souffrir cét outrage.

GVILLOT.

Songe à quoy ton honneur t'engage,

Homme lasche, infame, & sans cœur.

LA ROCQVE.

Ah ! ç'en est trop.

GVILLOT.

Garde l'honneur,
Me tuant dessus cette place,
Tu ternirois toute ta race.

LA ROCQVE *à part.*

Ie vais feindre de m'esquiuer,
Afin qu'il se puisse leuer,
Allons iusque dehors la porte.

GVILLOT *se leue.*

La Roc-
que se ca-
che.

Va , que le grand diable t'emporte
Dans le fonds de l'enfer tout droit :
Ie sçauois bien qu'il s'enfuiroit.

LA ROCQVE *reuient furieux.*

Ah ! par la ventre , par la teste.

GVILLOT *se laissant retomber.*

Malle peste soit de la beste,

Ie crois que ie suis estrippé,
Dites, Messieurs, m'a-t'il frappé?
Demandez sous la Galerie
Si mon ame n'est point flétrie;
Mais c'est trop faire le poltron,   *Il se leue*
Il faut se battre tout de bon.
Ie m'en vais te donner, prens garde?
Dedans le baril à la moutarde,
Sçache que ie suis vn fendant?

LA ROCQVE.

Et moy sçache que maintenant,
Quoy que tu croyes estre inuincible,
Te percer à iour comme vn crible :
Allons ferme, tiens-toy gaillard?

GVILLOT.

Ah! tu me presse trop, pendard?

LA ROCQVE.

Comment encor l'on m'iniurie.

GVILLOT *luy rendant son espée.*

Tay-toy, ie te donne la vie.

                    D ij

Va, dis à tous les gens d'honneur
Que ie suis vn homme de cœur,
Qu'à vaincre ie te fais la nique.

LA ROCQVE.

Et toy,   dis à mon Angelique,
Qu'alors qu'elle m'écouttera
Sa mauuaise humeur passera.
Adieu,   braue la Guillottiere.

SCENE VIII.

GVILLOT *seul.*

SI mon ame n'euſt eſté fierre,
Il ne m'auroit pas craint ſi fort.

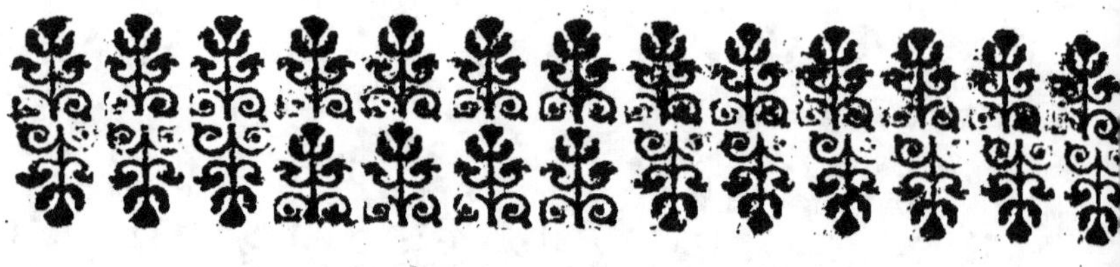

SCENE IX.

POLICARPE, ANGELIQVE, GVILLOT.

POLICARPE.

Et bien, qu'as-tu fait ?

GVILLOT.

Il eſt mort.

POLICARPE.

Ah! pauure hõme, comment poulacre,
Auoir commis vn tel maſſacre :
Eſt-il mort ſans auoir parlé ?

GVILLOT.

Enfin c'eſt vn homme ſanglé,

Il en vient d'auoir pour son conte.

ANGELIQVE.

Ah ! traistre n'a-tu point de honte
De nous causer vn tel mal-heur :
Ie te feray pendre voleur ?

POLICARPE.

Et qu'as-tu fait des deux espées ?

GVILLOT.

Ie les ay toutes deux passées
Tout au beau milieu de son corps,
Il les emporte là dehors :
Quoy que son mal soit incurable
Il s'en est enfuy comme vn diable.

POLICARPE.

Mais ie pense que ie le voy ;
Ouy, c'est luy, ie le reconnoy,

D iiij

La Roc̃
que pa-
roist &
entre tout
doucem̃t,

GVILLOT.

Il semble que se soit luy-mesme.

POLICARPE.

Enfin ma surprise est extréme
De le voir ressembler si fort.

SCENE X.

POLICARPE, ANGELIQVE.
LA ROCQVE, GVILLOT.

POLICARPE *pourfuit à la Rocque.*

Ais, Monſieur, n'eſtes-vous pas
mort.

LA ROCQVE.

Moy, Monſieur, par quel artifice,
Ie vis, & pour voſtre ſeruice ;
Mais quel eſtonnement vous tient.

GVILLOT.

Ah ! c'eſt ſon eſprit qui reuient,
Ou bien ſa bleſſure eſt guerie
Par la poudre de ſimpathie ;
Car il eſtoit mort comme il faut,
Et ſans y trouuer de deffaut.

Mais que venez-vous icy faire
Efprit malin, mon aduerfaire?

LA ROCQVE.

Ie viens rendre ces armes cy
A l'obiect qui fait mon foucy,
Ie fçay que i'ay pû vous déplaire ;
Mais c'eftoit fans penfer le faire :
On dit, que ce qui fift mon mal,
Eft qu'hier au foir dans le Bal
Ie fis danfer les autres Dames :
Cela peut-il bleffer nos flames,
Ie ne croyois pas vous fafcher,
Ceffez de me le reprocher.
Mais à quoy fongiez-vous cruelle
D'employer pour voftre querelle
Vn valet. Ah ! c'eft m'outrager,
Vn valet, pouuoit-il venger
Le digne object de mon martyre ;
Mais ie n'y trouue rien à dire,
Et ie ne veux rien condamner,
Quoy que vous vouliez m'ordonner
Mais, Monfieur, pouray-ie vou
 faire
A prefens vne humble priere,

De m'accorder en ce beau iour
L'vnique object de mon amour.

ANGELIQVE.

Vous ne manquerez pas d'excuses
Pour nous faire approuuer vos ruses ;
Mais enfin, par ces derniers mots,
Ie me vois l'esprit en repos :
I'ay sçeu qu'vne flame secrette
Vous brûloit pour vne Coquette,
Et que.......

POLICARPE.

Laissons nostre couroux,
Ouy, Monsieur, ma fille est à vous ;
Et ie vous en fais ma promesse ;
Mais Guillot m'a fait vne piece
Que ie ne sçaurois oublier.

LA ROCQVE.

Monsieur, i'ose vous supplier,
Puis que le bon-heur nous r'assemble,
De pardonner le tout ensemble.

Il fera mieux à l'aduenir.

POLICARPE.

I'auois dessein de le bannir ;
Mais pour l'amour de vous qu'il rêtre

GVILLOT.

Me voila donc dedans mon centre,
D'estre toufiours vostre valet ;
Mais n'enuoyez plus de poulet,
Qui soit fabriqué de la sorte,
Ou vous chercherez qui le porte ;
Car sçachez que ie n'aime pas
L'amour à coups de coutelats.

FIN.